ARTHASASTRA

Este libro fue merecedor al premio FINANCI-ARTE convocado por la Dirección Municipal de Cultura de Torreón en el año 2007. Posteriormente fue editado en la ciudad de Guadalajara por la editorial Arlequín, en la colección Canto del Sátiro.

« … Que tus vestiduras sean cándidas…Si es de noche,

enciende muchas lámparas, hasta que todo resplandezca...

Ahora empieza a combinar algunas letras, o muchas,

desplázalas y combínalas hasta que tu corazón esté caliente.

Concéntrate en el movimiento de las letras y

en lo que puedas producir al mezclarlas.

Y cuando adviertas que tu corazón está caliente,

cuando veas que mediante la combinación de las letras

captas cosas que no habrías podido conocer

por ti solo o con ayuda de la tradición,

cuando estés preparado para recibir el influjo

de la potencia divina que penetra en ti,

entonces aplica toda la profundidad de tu pensamiento

a imaginar en tu corazón el Nombre y Sus ángeles superiores,

como si fueran seres humanos que estuviesen a tu lado...”

Abulafia. Hayyeha –' Olam ha- Ba

"...le gustaba ver a las palomillas volar hacia la luz

y luchar con la muerte. Entonces decía:

apura tu amargo cáliz, alado animalito,

un profesor te contempla y se compadece."

Lichtenberg

NO HE VENIDO A TRAER PAZ

SINO ESPADA

[LA LARGA NOCHE DE LOS NUEVE SENDEROS]

Allende el mar,

la luna cuelga en su perchero de agua

su mitad oscura, su mitad salubre.

Laguna es su silencio de aguas,

conmemoración de la ola por la arena.

Educado ojo por donde

se revelan los misterios,

simetría de alas avanzando

luna adentro de tu cuerpo.

Por ese espacio mudo que es tu piel

por ahí me escapo,

me cuelo como la luz, por su rendija.

Salgo del mundo para entrar en ti

salgo de ti para entrar en mí.

Dibujo mi rostro en la redonda sonrisa

de tu caricia que me abraza,

soy el espía de tu sombra.

¿Me escuchas sol?

ESTAMOS AL COMIENZO DE LO VASTO

llamado a ser más vasto cada vez.

Surge el anhelo desde el pecho

como pretérita actitud arraigada en lo hondo.

Es el arquetipo el que nos indica

que todos nuestros actos son sólo imitación

del acto primordial.

Vuela una palomilla alrededor de la luz

sin saber siquiera lo que busca

—el deslumbre la orienta, la ceguera la conduce—

surge como un clavo hundido en la pared

que se desprende desde su propia oscuridad.

Amanece para sí misma

admira por vez primera el resplandor de algo más,

algo que ni con sus alas logrará alcanzar,

tal vez la intuición le conduzca el vuelo

pero ignora que esa misma luz que encanta

puede ser la ruta hacia su propia muerte.

Desde el plexo solar y en medio

de las agitaciones el temor desaparece,

en un lenguaje de aves el sol

deja de ser lo que antes era

y entrelazados en una misma comunión

palomilla y luz

se vuelven un idéntico sonar de alas.

Las agujas giran según su propio cauce

las ínsulas polares seducen las visiones

Es la hora de las horas

los puertos sin sus naves / solar incendio

en las tribulaciones.

Incendios que se inflaman dentro de una oración

advierten las premoniciones con vientos diáfanos

y es que para abrirse el pecho no son necesarios los motivos

con el ansia basta, con esa invitación de años que nos araña

piel adentro.

Es un recuerdo de hoy puesto desde mañana

el que nos seduce, el que nos invita

a abrirnos

para ver de qué estamos hechos,

y dentro es la misma luz y la palomilla

volando alrededor,

es el clavo soltándose de la pared

es tan sólo el peregrinar de siglos que llevamos

dentro.

DESPERTÉ

era más triste que el liquen.

Una dorada adormidera

anunciándose en la voz del alba.

Ópera de recuerdos tenues,

figuraciones cabalísticas

que danzan los viernes de luna errante.

Agua por donde se alcanza

a levantar el horizonte.

Brigadas enteras

vienen de la luz más meridiana.

Cohetería anónima

     ¡Qué pérdida de tiempo!

[El mundo de las nueve tinieblas]

DESDE LA FRONTERA en que dibujamos el ecuador celeste hasta los principios mismos que nos ubican dentro de un espacio sin latitudes, se escucha el rumor de antaño; se escuchan las notas ásperas y las claves en sus colofones. Denuncia la pradera un lenguaje de sombras, un abismo pleno bajo las huellas de nuestros pasos. Acaricia en velos una nostalgia solar desde el hocico de su presa. Señorea la luz en sus náufragos cautivos, devuelve la aurora ciertas notas pulcras. Defiende el horizonte el cantar de las visiones, y es que aún nadie alza la mano, nadie levanta la luz como un sol silente. Los puentes se tienden a las órdenes de una llama que los convoca. Existe una pausa que no sabe detenerse y nos empuja —inercia del roble que no sabe dejar de ser él mismo— Y es que el rumor que conduce aleja, detiene su tránsito entre las llamas. Ambrosía celeste, manantial de espasmos...

ESTAMOS AL COMIENZO DE LO VASTO

Aviso del sendero que convoca, temblor de venas en las aguas de un recuerdo que retorna. Abren las comparsas el desfile de lo heroico, un viento amargo se avecina, las plañideras bordan el crujir de dientes, caravanas de estación promulgan sus nuevos salmos. Dedicar de sombras, coronación de empates.

POSEEMOS UNA IRREMEDIABLE TENDENCIA A EXISTIR

Una irremediable tendencia que nos brota de los labios al corazón. No somos más que herencia de la bestia, querencia y querella, trinar de aves, la belleza en su palmo más agudo, más agudo y más preciso que la misma forma en plenitud de olvido.Transita una pregunta sus propias dudas, remueven los espacios las figuraciones, se cae de lado todo argumento de lejanía, porque promulgamos estaciones de contacto, pero la forma se desfigura, se desdice el fénix rostro de los acasos por las colinas secretas de un ayer que nos persigue.

¿Provocaremos los actos? ¿Comulgaremos con la aurora al tiempo exacto? Acabaremos con las diminutas ofrendas de los marinos para dar paso al viento, para que se lleve los misterios como quien se deshace de los insultos, porque esto es lo simple del agua: al navegar se navega, al danzar se danza.

El oráculo de los oráculos, la tremenda emoción del fuego nuestro. Adoradores de la permanencia caen de bruces ante lo evidente y no hay manos que los sostengan, son sus propios nombres los que curan sus heridas, sus lenguas planas y desnudas las que justifican sus errores.

Emociones en desgaste cual destino echado por la borda. Sismos mal alimentados, sismos temerosos de su propio horror, palabras mal pronunciadas que se hieren en su propia voz.

Acabar con esto es lo de menos, acabar los fines es el reto. No más principios, no más comienzos en las laderas de un espejo; venir más acá, dejar de hablar, dejar de horrorizar con sombras.

Este es el sol

en el rostro del Aion

[Liber Zión]

LA LIBERACIÓN ESTÁ EN EL OJO

circular pretensión de uniforme luz

agua marina en el ocaso de los incendios

sal de nadie ardiendo en las pieles

de un pasado que acude sin fantasmas

órbitas de espanto limitando

con las brújulas de la llama

anónima virtud de un pasado que rehuye

que se niega a encontrarse

consigo mismo el día de mañana

descenso breve en mirada y media

hacia el éxtasis plural de una generación

en aras de una puerta para andar

de un puente como lengua presta

hacia cualquier temblor

el rencor de la llama acude presintiendo

la canción de un pájaro de lumbre

arando una oración funesta

ésta lengua solar libera el tiempo

precisa la forma en un espacio neutro

cabalga el digamos sin saber el cuánto

imanta la luz desde la más aguda sombra.

El agua se encaja como un grito en un perdón

es el filo del colmillo abriendo irreverentes cauces,

herida la tierra es un sangrar interminable

y las órbitas merecen su propia melodía flexible

mientras conviven los misterios

al ritmo de una nota amarga.

Nada es lo que antes era

las huellas digitales sin ritmo propio...

sin rostro alguno.

CADA AGUJA POSEE SU PROPIA PRETENSIÓN

ojo manantial que la frente anuncia

signo medular de los incendios

que todos llevamos dentro

arriba en su danza el anuncio, el intento,

el sonido cargado de su propia sombra.

No hay mentiras fúnebres

es el espejo a cuestas bajo el agua:

la transparencia en la obviedad

la claridad en vuelo hacia lo oscuro es

el mejor remedio ante lo obtuso:

la denuncia del origen

en los altos rumores de la noche

nada existe, es sólo prolongación de vacíos

lo que nos llega

lo único que nos atañe y nos conjura es

aguzar las venas ante los oídos mismos de la creación

trenzar la historia en argumentos inigualables

ahogar la propia voz en hondos bemoles

trazar el espanto en escalones graves

suministrar el miedo en largas líneas circulares

arrastrar el fuego con todo y lenguas

acariciar de nuevo la natividad

bendecir ocasos y liberar gargantas

sacralizar palomas en lagos de infortunio

borrar los nombres de un fuego fatuo

y así corroborar los trazos de la sed

abrir de golpe una nueva página

para negar lo dicho

hasta que se desdiga la misma voz

       y que en su trinar se olvide.

DIOS CABEZA DE LEÓN: Aion

absurda necesidad de crearnos enfermedades

      como dioses,

por darle vuelo a los fantasmas.

      Digo,

desde el fuego atento que me cruza al alba,

que no hemos de estar más así

      en silencio y bruces,

que mañana indagaremos aquella misma voz

que nos quema la garganta

porque lo sabemos aun en lo oculto

      como un pájaro de agua

        que apaga un incendio mineral.

Nada mejor que amanecer de noche

      cuando la luna es un fantasma taciturno.

A partir de ahí tomar las armas,

      conjugar corajes en las tierras áridas,

        bendecir los cauces que confunden,

encontrar centros de unión en metáforas

navegar de noche hacia un sol opuesto

a las calamidades

corregir los órdenes establecidos

      por la llama

aventurar los juegos de pirotecnia y con las lenguas

dispuestas a la hoguera cuestionar

          el ardor de siglos

que nos presta las palabras

porque el sol en sus rutas ciegas

nos confunde

nos obsequia los planos falsos que habremos

de olvidar

                    ¿Dónde quedarán

                entonces los cúmulos del

                origen?

          las letras encendidas tendrán los privilegios

      como el voto unánime de los corazones natos.

[0º de Phycis]

Se tenderán auroras a cualquier instante indeterminado

    abrirán sus fauces las revelaciones en el momento justo

      aunque sólo los de atentos ojos logren intuirlo

    y la palomilla ciega percibirá en la luz que busca

el reflejo que se esculpe a sí mismo

    a orillas de una imagen que aún está por definirse

      a orillas de una palabra que nadie ha pronunciado

        la que en su arrecife lleva la sensación de alarma

un parámetro menos vasto y más plausible

    porque es esa sensación de olvido la que me deduce

      pero es la órbita la que me conserva.

El sol

    lúgubre sol

      es el que me mantiene aquí

                desde su ínfima voluntad de heridas

          donde cada pájaro volando hacia sus propias alas

deletrea su nombre en la oración temprana

    de los adioses.

HAY QUE DEJARSE LLEVAR POR ESA FUERZA QUE NOS HUNDE

hay que hacernos la vida del tamaño de nuestra propia ruina y así de

enorme será la verdad

porque el veneno será la cura

hay que romper espejos para agrandar la desdicha

a condición de que no agrande la victoria

hay que soltar la voz   golpearla

                con el presto látigo de la derrota

hasta que así misma se inyecte su veneno.

                                La tarea es suave

                        pero lo suave nos está vedado.

                El universo se creó hace un instante

                mas surgió con una humanidad dotada de memoria falsa.

                Así el pecado y el castigo se nos cuelan sin aviso.

                        No hay más Dios que el que

                llevamos dentro

                                aquel que nos dicta las

                sentencias memorables.

EL AMOR ES UN ANHELO COMO EL SOL

un anhelo de tu propia destrucción

como la ya agria palomilla que busca desprenderse de sus alas

la que en la ternura encuentra dagas para su ojo virgen

una negra canción de cuna que rumorea en su sangre

que arde como una negra nana espiritual

como las mismas alas de los cuervos

como las llaves del Aion

como las irreverentes melodías

de su negro hallazgo

como el filo de un corazón

que no sabe cómo vino al mundo.

Así entonces entona tu garganta,

revienta la emoción

y cuando te encuentres cerca,

sólo déjalo ir, que se vaya

que no vuelva, porque el sol

mañana

amanecerá como todos los días...

entre nosotros.

[Cit, Sat, Ananda]

EL SOL ES UN DIOS DE MORAL DUDOSA

y nosotros estamos emparedados en nosotros mismos.

El sol denuncia sus acordes íntimos

el sol es el mismo para todos y nos condena en su transcurso circular.

A fuerza de rueda el ahora es mañana

un rostro en otro es una parábola

el azar radica en la geometría del presente

cubre las cuentas de mañana.

Observo con el ojo de la dicha

con el ojo diestro del costado de un espejo que sangra en su mentira.

Es un oficio ciego el que denota transparencia

un ciego acontecer de rutas el que merodea en los abismos de la soledad.

Son los rastros del oriente los que a tientas descubren el proceso.

Detenerse no es una opción

divulgar es una cuestión de mercaderes

la dicha es un caballo salvaje, un inefable propósito en los atardeceres

un arrancar la garganta de la voz cuando la palabra es agua

insumisa.

Tras el hábito la rebeldía descansa.

Una larga y pétrea onomatopeya grita

que no hemos de cansarnos, que no hemos de rendirnos hasta alcanzar los

límites

la amenaza está en la tierra

en el corazón del desastre

en el llanto de los callados

en el fugaz grito de las airadas lenguas

en la página que ya no avanza

en la mediocridad de bajar las manos

en tu nombre escrito con dudas.

Por eso doy

lo que el sol en su defecto

no podría ser más que un corazón enfermo.

[Qualitas Ocultas]

CADA AGUJA presagia su destino

      su augusta soledad en aras de canción,

sin esa luz —la misma luz—

los ecos nos volverían fantasmas

aburrirían la noche con su adulta palabrería

de asfalto

se ocuparía el tiempo en remordimientos fáciles

      recurriría la sangre al débil entretenimiento

nos iríamos entre la niebla y las mentiras

      y he aquí que la palabra

no admite dueños ni posesión,

      la palabra es sólo lo que puede ser

          un argumento de hambre y sed

      un rondar de notas bien dirigidas

      balada diestra en los instantes magros,

fluir de días en las mañanas de un desierto

      nado negro en las praderas del silencio

        ganas de callarse ya por siempre

          de escribir silencio y que todo sea

una mala interpretación

Más la docta historia escribe

la canción debajo de las cruces

donde la sangre brota de sus frutos

(Eminencia vegetal el amor maldito)

Grave sed la de antes

la que mañana se presenta hoy

erecta devoción y silbar de hallazgo.

Esta es la balada del sol

que en su misma comunión

no encuentra el impulso del agua.

APENAS ERES TESTIGO

imagen misma del crimen cometido

desandar de nudos en la misma cuerda

que lleva en sí la ruptura de

las voluntades.

Dirás que no faltan más acuerdos

y en la lengua forjarás mentiras audaces

            porque no se trata de terminar

esto es sólo apenas

el comienzo

Sísifo amanecer de antaño

colapso ventral que no se ausenta

de las blasfemias

eclipse solar retando

al hombre

Fuera de toda órbita el inminente vértigo te estampa en

una herida

coagula la sensación de dolores póstumos

porque

aunque muerto no hay descanso

tan sólo cuestiona a los espejos con una frase idéntica a tu sangre y notarás

cómo la luz que persigues es la asesina de tu sombra

que nadie vuelva a creer en nada más, que los oficios caigan como voces

taciturnas

como invictos héroes en las batallas del olvido, como lentas palabras

pesando

en su crueldad

como heridas en el dolor de un mar urgente, así premiar la acometida del

orgullo

y la soberbia.

La belleza no está en la luz,

no está en la sombra

tampoco en el escaso instante

del asombro.

EL HOMBRE ES UN CALENDARIO DE EMOCIONES:

solar discurso

en el lenguaje de la llama

anonimato desleído en sombras

      pistón fugaz sin freno

reto de otros retos

      calibrador de emancipaciones

movimiento sin estrategia

        aburrimiento y explosión

      vacío que se completa

navegar de espantos

      y conquista de ángeles

(el hombre es sólo un rumor)

[El libro de las correspondencias secretas]

NUESTRO ALIVIO SIEMPRE ES UN ERROR

una flecha que no ha dado en el blanco

una mentira mal argumentada

una puerta dibujada en la pared

la caricia en la cercanía

anunciando tiempos de abandono

la partida de la ola en aras de la isla próxima

delicia falsa que conduce a los incendios

TEMEMOS

y es esa la única realidad que llevamos dentro

digo:

        estamos emparedados en nosotros

        mismos

como quien sabe que el ardor es el siguiente puerto

        y el milagro del fuego es el escondite

        de los dioses

—pero hemos creado enfermedades a partir de entonces—

un largo aliento nos inflama en la locura

        en los vértices mismos de un adiós

    que nos seduce.

                Hemos de aprender a vivir con ello encima

          cargar por siempre la sombra del rigor y la derrota

     olvidar por siempre la prudencia y la destreza

            beber en instantes los soles de la dicha

                                    porque salamandras somos de un

                        desierto en sales.

Nunca sabremos del mar más allá de las palabras

porque todo lo que vemos

lo consumimos

y nos consume como el amargo deleite de sabernos vivos

más por el sol que nos miente y nos hechiza que por la espina que nos

sostiene

de la llaga.

            ¿Dónde está ese sol salvador que el día promulga?

¿Dónde son factibles sus insinuaciones?

                ¿A qué edad las llamas nos consumirán?

                ¿Es la luz ficticia la que más encanta?

Puede que de noche podamos ver el sol

pero será tan oscuro el amanecer que el mar lo habrá tragado como una ola.

¿Divulgaremos entonces las palabras?

Puede que no, puede que nos pueda, como puede que ya no nos

pueda.

Puede ser que las vértebras del espanto ya revienten venas en gargantas

frágiles

y sufrir sin lamentarse sea la máxima a seguir como la única realidad

factible

a que habremos

de acceder.

Un acrobático mediodía nos sostiene en la mentira de la esperanza

conduce las voluntades en esperanto, nos retiene a prudente distancia del

colapso

y la palomilla rodea el cuerpo

del delirio.

Es ésta la vida sin comienzo, el interminable proyecto que no ve

el principio.

Pero el sol es el mismo para todos

destreza mal habida,

juego de escondite en que el buscador se busca

en las trampas de un espejo de

doble rostro.

SOMOS EXPULSADOS:

cada uno de su propio argumento

remitidos a su propio sol

a los confines mismos de su propia suerte

a la estrecha voluntad de la voz propia

pero nos faltan las palabras / los motivos

el entusiasmo que se fue

en ayeres minerales

a causa de anteriores males.

…así se escribía la Torah antiguamente:

Dsprs l mcn dl fg:

Sbsst l dnmc cnfs dl ncntr

n l rncr dl vnt prclmd

Pr dcs ls n ls rncns dl hllzg

Cqt l mrt n ls msls d l dch

S trn ls ndlls n l crtdmbr

Dl hmbr qu cndc ls rcns

Y sclp ls mstrs

Q ll msm h nclcd

Y n s mrd d bsm

Crrt l smbr d ls slms.

DIOS Y EL HOMBRE HAN NACIDO EN LA CRUZ:

de frente a un sol que nadie escucha

se retiran los presagios ante la evidencia

ante las lágrimas que en surcos aran las pasiones

entonces la indigna luz hace un último esfuerzo

y proclama la avenencia de un más allá

que aún no despierta

¿Crearemos el escándalo del desastre

o silenciosos dormiremos junto

a los misterios?

LA FUERZA TOTAL DEL ALMA REVELA SUS RASTROS

es el instante de las voces múltiples, el escuchar ajeno de secretas

insinuaciones

el que reverbera en las gargantas

palabras sinuosas merodean las frases, se atragantan en su propia

pérdida.

Avanzar a tientas resulta ya un incómodo mensaje

penetración de mares en la fundación celeste

repetición funesta con cruzar de lenguas.

Algo de este instante está en todos los

demás.

Los resabios del origen muestran su verdadero rostro y no hay más tregua

que habite la esperanza.

El aliento deja de ser metáfora ante el animal empuje de un presente que por

fin tenemos en las manos.

La canción culmina en un solar principio: axioma de amaneceres ya no tan

póstumos.

Calendario sin apreciaciones

palabra fugaz que su destino estrella.

Esta es la puntual nota del ahora:

un amanecer de ojos

que al mirar un ave en llamas

su nombre dicta.

[El secreto de la flor de oro]

EL SOL SE MANIFIESTA siempre como un anhelo

seduce al ojo en un compás

de notas cálidas.

Desde la orilla de cada noche el Aion

teje su mentira

¿Será que nos necesita para existir?

¿Será la misma vanidad divina?

Arde el espejo

en su rostro de fiera melenuda

cada mañana posee su mentira inigualable:

irrepetible,

perenne desleír de notas en el ambiguo fuego

presencia unánime por nombrar el centro.

Mentira como quien dice:

"hoy es el nuevo día" sabiendo de
antemano que el "hoy" es el único que
nunca ha de empezar ni terminar porque
resulta un espejismo pensar en un tiempo
que se acumula

El futuro es hoy

porque no hay ayer ni mañana
y el sol contribuye en la mentira
al llevar las cuentas

el Aion es un instante apenas

El sol no es otra cosa
que el espejo de nuestra mentira
la mentira de nuestra esperanza y alivio,
el guerrero cegado y cegador
la bestia herida
rampante y devoradora

Sin embargo, el sol es nuestra cruz de fuego

la llama anónima de nuestro desastre:

El rosario a cuestas

que bulle en el plexo solar,

en los principios de nuestra historia.

Salve el sol:

principio de la derrota.

YING GUANG GING

(el libro de la contemplación exitosa)

EL MISMO SOL ES UNA HIPÓTESIS

una idea, mera especulación de antaño

herencia de cantos fúnebres

despedida de muertos / reminiscencia de la luz

rumor a golpe de buscar verdades

andar a ciegas en las fronteras del pánico

calambre de órbitas confusas

escapulario donde guardar la fe

la misma pérdida de la claridad.

El sol debería ser negro pues es oscuro

hermética referencia a nuestra sombra

peldaño de la ruina

rutinaria y monótona demostración

de la muerte en las voluntades.

El mismo sol

se ciega ante su luz,

no ve más allá de sus propias llamas.

Podría decirse Dios

pero es el reflejo de miedos

de otros miedos

hundidos en su temor,

no escapa de las rutas

carece de conciencia plena

y en un temblor de siglos

se incendia en la incertidumbre

¿Qué es eso que el sol contempla?

El espejismo de sus propios males

el solsticio de un destino

que inicia a cada instante.

Crece la llama

desde el vientre mismo de la flor de látigo

presagia los proverbios en su lenguaje incinerante,

flamable locura en el vórtice de la despedida.

¿Estamos o nos imaginamos?

¿El sol es ese del cielo o el que llevamos dentro?

¿Nos consume por dentro o desde afuera?

¿Ese que llamamos Dios existe

o es sólo un sol infame?

¿Nos escucha o

escuchamos sus plegarias?

¿Nos crea o lo creamos

con nuestros propios miedos?

Sea como sea arriba

trae su calor de siglos

corrobora la incertidumbre

en la danza incierta de la llama.

¿Amanece o anochece en el alma

que busca las respuestas?

No hay rutas por seguir

el camino carece de caminos

toda ruta nos separa del camino

toda ruta pierde al que la sigue.

El mar no tiene opciones

Todo es circular

sin centro fijo.

El centro está en todas partes.

El mismo Dios sigue un sol

que lo define.

¿Cómo entonces no

la palomilla buscará la luz

que la destruya?

Todo esto carece de fin

pues no hay principio.

La respuesta es la pregunta

que no hace falta preguntar

pues ella misma es la respuesta.

[El centro en medio de las condiciones]

LOS CIMIENTOS ESTÁN PUESTOS EN EL CAOS

aves marinas ríen a carcajadas,

mascullan entre sus alas la ingenuidad del hombre

bracean las olas dibujando el rostro de la sal,

se despeña la cordura

en gajos uniformes.

Peldaño tras peldaño el incienso de la historia corroe las páginas

ambidiestras de los dioses.

Sólo resta la inefable risa del infinito en el festín pendiente.

Es un juego de dados en que el hombre es sólo un punto matemático

sin coordenadas fijas.

Pastorea la serenidad sus animales vastos en el hocico presto

de las calamidades.

La tragedia se hace arena en su duna líquida

el sol ve congelarse sus propuestas

las insinuaciones caen entre los muslos del Aion

la partida está más que ganada

arrancada del instante próximo.

Ahura Mazda desmaya su propio tránsito

Arhiman besa los labios de su padre.

UNA LUNA ERRANTE COMO CLARIDAD EN GIROS DE CANCIÓN

y Zervan cruza los brazos proclamando las paces.

Docta la parábola no olvida ningún detalle

Se levanta un himno de las cenizas de la llama

es la necedad de un sol maldito

      la invocación plena del viento aciago

mandato unánime de los vencidos

dignidad que se disuelve en su propio ascenso

voluntad dibujada sobre los puentes

de la ensoñación.

Abrir los ojos es como cerrarlos, un acto involuntario

la verdad está más que dicha

en el reflejo.

Tenemos una irremediable tendencia a existir

es por eso del ínfimo dominio

del peligro.

Siempre estaremos aquí porque no venimos de ninguna parte

como el sol,

metáfora que todos reconocemos y adoramos

sin embargo

¿la palomilla orará en función de la luz?

Siempre es como decir nunca,

sólo una palabra

una aguda sensación en el momento en que

descubrimos nuestra finitud

cuando las alas nos quedan grandes o

cuando nos resultan insuficientes.

[Los 10,000 eones]

VAGO POR LOS SENDEROS DE LA DICHA, me encumbro lo más cercano al sol que dictan las oraciones, cabalgo sin rumbo dirigido por mi plexo solar. Una a una, entrego todas mis vidas subyacentes. Me despojo del recurso de las metas para conseguir la búsqueda. Intacta, dirijo la única oración que me queda, con el afán de ver de cerca esa luz, y mirar de frente sus ojos. Ahí me encuentro en la búsqueda como en un espejo. Descubro que todo cabe en un incendio, en un desastre, en función de que uno sea el artífice de su propia desgracia y a su lado encuentre los consortes de la locura.

Así puedo llegar al mismo sol que no es otra cosa que una palabra que no ilumina, que no quema. Siento tanto frío que me pongo de nuevo las alas, socorrido por los diez mil ángeles que aliviados me conducen al olvido. Miento, con todo mi ser miento, y me llevo entre las alas una serpiente llamada oración, la que en el descaro puede llamar a las cosas por su nombre. Me convierto entonces en el expulsado, y me dicen hombre. Ahora vuelvo a la mentira, la de ser yo mismo en las rutas de una vida en torno a la luz. Cobijado por la dicha ya no quemo mis alas en oración, ya no hacen falta las mentiras ni la traición. Disfruto el sol como la metáfora e hipótesis que ha decidido ser.

Estoy en paz con todo: Todo está en paz conmigo.

[Basílides de Alejandría]

En el transcurso convivo con amables adormideras, entre ellas una presencia: Basílides de Alejandría, quien narra una historia al saberme víctima del sol. La hace llamar "La canción del que regresa".

Escuchémosla:

I   *Como el fuego que en el agua busca redención*

           aquí me encuentro sin ver la orilla de mi sangre,

           poniéndole fecha a mi muerte,

           víctima de las ilusorias trampas del confort.

II   *Lanzo un grito al aire y las montañas no responden,*

           sólo el silencio acude con todo y sus navajas.

           Apuesto mi última carta, como la botella en el naufragio,

           saludo a la muerte con el dolor colgando al cuello.

III   *Camino y la tierra que piso me desconoce,*

           el viento me evita al doblar un árbol,

           aparece el sol con su ancho rostro rencoroso.

           Soy un fruto seco, desprendido de mí desde el principio.

IV   *El invierno apareció sin previo aviso.*

               Los pájaros abordaron las rutas del olvido.

               Se abría la niebla y ojos bandidos

       iniciaron el descenso y la batalla.

V   *He aquí que soy yo hablando en este año de 1181.*

               Es diciembre y Nagano está a punto

       de impregnarse con el aliento de la muerte.

       Un presentimiento resbala de los árboles.

VI   *Ayer el canto era jardín común.*

               De amistades se hinchaban nuestras venas.

               El cielo azul era un aliado nuestro y se abría la tarde

       cuando un pájaro atravesaba las ventanas.

VII   *Con el sable en el costado dirigíamos el rumbo de las nubes.*

               Apresábamos el silencio niño escondiéndolo en el pecho.

       Las aguas obedecían las órdenes de la ciudad. Una geometría

       perfecta era entonces el transcurso de los días.

VIII   *Hoy mi tacto no sabe de texturas.*

               Como la espada que lenta comunica la vida

       con la muerte, avanzo a través de las horas

       hendiendo el aire con mi rostro en la penumbra.

IX   *Desaliñado y hambriento vago por montañas desconocidas,*

       herido por un sol que no pesa más que la desesperanza.

       La soledad habita en mis entrañas,

       el sonido de mi sangre es lo único que escucho.

X   *Entonces llegaron los días terribles, los días del valor*

              y la coraza; la hora de enfundar la sangre, la hora en que

        el monte Togakure fue testigo y plaza del filo de la espada.

            Sin otra idea que la victoria salimos al combate.

XI   *Descendieron las tropas de Heike trayendo consigo la noche.*

            Una herida en el pecho de Nagano se desangraba

        con la fuerza del grito en el silencio.

            Así cayeron los hombres como gotas de agua en la tormenta.

XII   *La realidad se desfondaba como una cubeta vieja.*

            Los sentidos fueron prisioneros de rumores enemigos.

            Días sin tregua, violencia en caudal por acrecentar

        los territorios. La noche observaba dormida en un rincón.

XIII   *Eran los días en que no el amor sino el odio decía adelante.*

            El único amor era el de las mujeres

            que despedían a sus hombres como quien sabe

            se ha consumido el fuego y la oscuridad recién comienza.

XIV   *Días insomnes, en que parpadear significa perderlo todo,*

            Aunque se desee volverse ciego en medio de la sangre.

            Terminar de una vez por todas y desaparecer cuando el sol

            anuncie la mañana como signo de perdón.

XV   *Mi exilio es el resultado de una guerra y la profecía*

            de otra que crece hacia adentro de mí mismo.

            Así que ahora me dejo caer sin miedo como aquél

            que anda con los hombres sabiéndose ángel entre la basura.

XVI   *Soy Daisuke Nishina escribiendo en el aire la historia de la sangre.*

Vengo del monte Togakure y viajo a las remotas regiones de Iga

sabiéndome poseedor de ausencias, llevando en el hombro la derrota

y la muerte de mi gente en la planta de los pies.

XVII   *Si al despertar, mi rostro en el agua encuentra su reflejo,*

si aún recuerdo mi nombre al escuchar el canto de

los pájaros entonces tal vez podré volver la vista hacia

mi sombra y renovar tu amor con la luz que guía mis pasos.

XVIII   *Qué importan ahora los oficios: bufón, esclavo*

o servidumbre, cuando es miserable mi misma condición.

Sólo la voluntad de encontrar respuestas me sostiene

como un fruto maduro que siente el llamado de la tierra.

XIX   *Hoy, sobreviviente en la batalla, todavía recuerdo*

las palabras de mi amada:

"A veces el sol nace de mis ojos

a veces la lluvia resbala por mis labios"

XX   *Y más que alivio es hondura en el dolor*

esa lluvia y ese sol tan de mi cuerpo ausentes

son espejos donde se refleja la derrota, donde en vez

de mi rostro encuentro una cruz bordada en lágrimas.

XXI   *Ayer la primavera en tu vientre se anunciaba,*

latía el corazón del sol como el guerrero

que paciente aguarda el día del parto:

la coronada llama y la consumación de la flama.

XXII	Pero a veces los besos no se logran
	y no se consuman los esfuerzos del pasado.
	La misma espada que nació para defender la vida
	trajo consigo la muerte de todos mis anhelos.
XXIII	El mismo vagabundo que antes me apenaba, hoy habita
	mi mismo cuerpo, mi misma sangre, comparte mi sudor, y
	es oscuro hasta en mi rostro; donde él duerme lo hago yo,
	porque ahora lo entiendo, ese vagabundo soy yo.
XXIV	¿Para qué la vida si no es en el amor donde se habita?
	¿Para qué las flores si duelen las caricias?
	¿Para qué labios si no hay donde desbordarlos?
	¿Para qué la sangre si no hay pasión donde encauzarla?
XXV	El sol nos miente en el camino.
	Cómplices las montañas confunden las veredas.
	¿Voy o vengo? ¿Me busco o huyo de mí?
	La muerte sería ahora para mí, ¿castigo o recompensa?
XXVI	Hambriento deliro en medio del olvido
	encuentro una serpiente del otro lado del espejo:
	Yo soy el Guardián del Umbral
	más allá de mí no lograrás avanzar.
XXVII	Caigo hacia la insondable transparencia.
	El final se anuncia con trompetas.
	¿Soy aquel que aún perdido no termina de perder?
	¿Soy una presencia que la muerte no alcanza?

XXVIII   Despierto y sigo muerto,

          pero no son las montañas de Iga, ni soy guerrero,

          soy un hombre derrumbado entre las mesas.

          Este no es un sueño, es la ciudad con todos sus demonios.

XXIX   Más desesperado que el samurai intento el camino de regreso,

          pero ¿a dónde regresar sin saber tan solo a donde avanzo?

          ¿Partir? ¿Llegar? Soy alguien de la calle: una pasión,

          un transcurso nada más.

XXX   Cuando todo parece no tener fin

          se anuncia otra presencia: Kain Doshi.

          La esperanza se pule en un canto nuevo, este es

          el nacimiento y la belleza saluda desde otro rostro.

XXXI   La calle ya no es más la misma, es un templo

          en ruinas donde se ofician los misterios.

          El mundo es entonces otro, porque otro es éste

          que lo mira desde su infame condición fantasma.

XXXII   Mente y cuerpo no son lo mismo

          ni están separados — me dice Kain Doshi

          ¿El viejo sacerdote existe o soy yo mismo

          quien viene a rescatarse?

XXXIII   Tu condena es la de las olas,

          la del eterno retorno,

          pero no es castigo sino recompensa,

          después del mar serás tú quien conjunte los opuestos.

XXXIV   *El mundo carece de rupturas.*

Tú y yo somos distintos y somos uno.

Todo refleja todo lo demás.

El universo es un espejo.

XXXV   *¿En qué momento el aire que respiras*

deja de serlo para convertirse en parte de ti?

¿Dónde dejas de ser tú

para convertirte en la sombra que proyectas?

XXXVI   *Es aquí donde aprenderás la lección*

de las balanzas,

donde entenderás el horror

y el prodigio de ser humano.

XXXVII   *Entenderás que en el mundo todo es ilusorio,*

que debes estar dispuesto a todo incluso a perder.

Tu grito de combate fue siempre el de victoria,

olvidaste aprender a perder, a sobrevivir en la derrota.

XXXVIII   *Fue entonces cuando desaparecieron las fuentes de angustia.*

Una inexplicable y grata felicidad latía en mis venas,

encontré la luz gorjeando en las ramas de un árbol.

El día era redondo... era el tiempo del retorno.

XXXIX   *Después de la muerte fui un ángel acorazado.*

Hoy al sostener la pluma

olvido los pactos con la noche oscura.

El sol me saluda de frente siendo mi destino.

XL   *Como las olas que ciegas se dirigen a la costa*

avanzo de regreso a casa.

El camino se hace mío a cada paso

y me descubro pertenencia de la tierra a cada instante.

XLI   *Adelante encuentro un hombre y una mujer*

que se miran en mis ojos sin asombro

y me dicen: Togakure es del otro lado,

tu sombra va pero tú te alejas cada vez más.

XLII   *Sus voces me convidan,*

sus plácidos rostros me arrastran a seguirlos.

Hay algo de traidor en su trato tan amable,

lo descubro: son los fantasmas de mis padres.

XLIII   *Sigo mi camino hacia delante.*

Mis padres muertos fueron una más de tantas trampas.

Debo permanecer despierto. Hoy no moriré,

es lo único que sé de cierto.

XLIV   *Una mujer y un niño me saludan al cruzar caminos,*

mi corazón es entonces un volcán.

La sangre canta un himno nunca escuchado,

soy la voz de sus siluetas mudas.

XLV   *Caminamos juntos sin temor.*

He cambiado el rumbo de mis pasos nuevamente.

Todo es perfecto hasta que advierto una presencia:

la mía en los ojos de ese niño.

XLVI *El dolor me encaja un diente en la sangre,*

     el llanto amarga mis heridas.

     Otra prueba más, nuevos fantasmas que me buscan:

     mi esposa e hijo muertos en la batalla.

XLVII *Quiera Dios esto termine*

     ¿Deseo vivir o morir?

     ¿Por qué mi sombra tiene tanta fuerza?

     Mi alma es oscura de tanta noche.

XLVIII *Miradas implorantes me rodean, las ignoro*

     y sigo mi camino. Más adelante me pregunto

     si habrían sido fantasmas también aquellos

     que no me invitaron a seguirlos.

XLIX *Lo pienso nuevamente y los alcanzo.*

     Respiro un aire libre y limpio a su lado.

     Sé que esta vez es lo correcto.

     Gentes puras como un agua pura me acompañan.

L   *Después descubro el engaño en las heridas de uno de ellos.*

     Lo reconozco al mirar su sombra dolorida.

     Ese grupo de hombres limpios

     no es otro que el de los guerreros muertos en Togakure.

LI   *Decido no moverme más.*

     Hundo mis pies en la tierra con la firmeza del temor.

     Si no sabes que hacer no hagas nada

     ¿Seré tan débil que las sombras me convencen?

LII   *Un niño se me acerca pero lo ignoro.*

         Se sienta a mi lado,

         me levanto y ando a donde pienso es Togakure

         y él en silencio me acompaña.

LIII   *Luego le pregunto: ¿Vas a Togakure?*

         No, porque Togakure está del otro lado — me responde

         ¿Por qué estás tan seguro?

         Yo soy de ahí.

LIV   *Por fin lo entiendo.*

         Ese niño soy yo hace muchos años

         y es un fantasma.

         Entonces me pregunto: ¿Realmente existo?

LV   *Todos los caminos son el mismo y son ninguno.*

         Regreso y avanzo al mismo tiempo.

         Éste es mi canto, el canto de todos los hombres

         que buscan desde que nacen el camino de regreso.

              Terminado el canto

           estuve de frente ante una nueva presencia:

[Weland El Herrero]

POR EL ARTE DE UN ARDOR QUE EN SÍ MISMO SE CONSUME

la palabra se forja entre la ácida lluvia del deseo

y una infatigable sed helada que todo se lo calla

luego anuncia: la batalla aún no termina.

Inteligencia consumada la del pretérito instante,

la que dicta las sentencias en sus cauces.

Irreverencia sorda más no muda,

el himno atroz de las calamidades.

Atenta la sangre finge la locura

y esconde sus máscaras para mejores oportunidades,

para nuevos amaneceres que sabe bien no habrán de acontecer,

como ese sol que miente quemándose la lengua.

La canción está escrita, sólo basta

pronunciarla a la altura del exacto acorde,

ponerse el nombre justo en el inicio de la voz

y levantar la emoción de su resguardo competitivo.

El verbo es momento de silencio,

después ya ardiente el canto

estará más allá de la oración.

[Los verdaderos hombres del comienzo de la forma]

NO CONFUNDAS AL SOL CON EL DEDO QUE LO SEÑALA,

no te pierdas en los cauces ínfimos

de este solar aprendizaje.

El jardín se desnuda en sus misterios

tan sólo un parpadear de rumbos

puede ponernos en el espejo

cuando el agua clarifica las emociones.

No hay más secretos que los de la misma sangre

en aras de una tímida melodía que nos ronda.

Buscamos eso que nos define

pero tiembla la palabra de tan concisa

y contundente.

Somos frágiles incluso para caer

y en el levantamiento de la voz

nos sabemos vacuos

mas eso nos proclama

en la valentía de los espejos

para no esconder el rostro

en el fango mismo

de los oficios verticales.

¿Cuántas veces tendremos

que recorrernos antes de alcanzar el fuego?

Los verdaderos hombres del comienzo de la forma

habrán de resurgir en las gargantas

y se harán presentes en ese vacío del pecho

que debilita las intenciones.

La palabra es sólo para algunos cuantos.

El valor no es un fruto caído del árbol inagotable,

es un noble acontecimiento de vez en cuando

¿Estaremos listos para evitar el llanto?

¿Estaremos tan presentes como para no

rendirnos antes de tiempo?

El tránsito resulta un albur

y el sol es un enemigo al acecho,

cualquier error culminará la ofrenda.

La sabiduría y el vacío

se relacionan como el hielo con el agua.

Así tú y el otro,

el mismo otro que has dejado ya de ser.

Vivimos el mismo sueño compartido

nos embriagamos en el mismo

licor de las aguas mansas

¿Traemos o nos traen?

Eso no podremos saberlo hasta estar ahí,

hay que dejar los ojos del otro lado

hay que palpar sin decir

para evitar los derrumbes.

Las herejías nos conducen los misterios

nos condenan al llenarnos de verdad.

El sol, ah, el sol nos es el mismo

El sol es un adelanto del infierno

un jardín aparte en los minúsculos

brotes de la conciencia

¿Cuáles son las leyes en un sueño?

aquellas que soñamos

el agua moja, el agua no moja,

el fuego que nos arde no nos arde,

el ardor que somos nos congela la palabra.

Las huellas en la playa

que viste ayer se hicieron hoy

Y tú ¿dónde estás?

[El polo en reposo en la fuga de los fenómenos]

ROMPE UNA ORACIÓN EN UN MILAGRO

y levanta el vuelo una herida

que nunca cicatriza

porque es el filo de tus dientes

el que en mi corazón se oculta,

porque es el dolor

que en tu ausencia crece,

el mismo que me levanta

el mismo que me aplasta

el que me devora.

Pon tu aliento sobre mi herida

y has que se consuma el licor amargo.

Somos el espejo

de nuestros sueños rotos.

Abrigo la esperanza

que ha de aniquilarme:

la del sol que anhelo

—Ícaro en mes de enero:

anuario de derrotas—

Estoy a mitad del recorrido

y aún no parto del mismo punto.

Soy un círculo en la frente

de un Dios que de mí se burla.

El espejo mismo que me he creado

para derrotarme y aún no me rindo.

Soy un rival poderoso

y estoy arrepentido en la contienda

pero ya no hay marcha atrás.

Este laberinto toma rostro propio,

el más feroz de todos: el mío,

el mismísimo rostro de la desesperanza.

Me desvanezco y caigo justo dentro de mí,

ya no habrá salida hasta que el juego termine.

El mismo juego se crea sus trampas,

sus propios juegos que él mismo juega,

ambiciona derrotarse y se hace humano cada vez.

Así el sol consigo mismo amanece

para su derrota y a nadie importa,

pero la luna es más que un sol derrotado,

es una tregua.

Nos confunde pero lo sabemos,

no sabemos cómo pero sucede

como sucede todo aquello que

decidimos poner en escena,

como artífices de

nuestra propia desgracia.

Nos resbalamos,

esa es nuestra única realidad.

Nos vencemos al paso del tiempo

sin que este exista,

deseamos que todo termine

y es cuando el jardín se anuncia nuevamente.

Queremos dejar atrás el jardín de aquellos días

y entre más avanzamos más nos acercamos.

Devoramos los frutos una y otra vez,

nunca aprendemos que la batalla termina

cuando aceptamos que hemos de vivir con ella

como los demonios que llevamos dentro.

Los demonios nos enseñan

que quien no cree en ellos

jamás perecerán en sus garras.

Luego surge la pregunta:

¿Qué sucede cuando el demonio

lleva nuestra misma sangre?

UN PEDAZO DE SOMBRA ILUMINADA

es lo que resta de mí desde el derrumbe.

Entre la locura y la muerte estas palabras

me recuerdan que alumbrar es arder.

Ya no me busco en el rostro de los espejos.

Escucho las palabras

que me conducen al origen de la luz,

a la condena presta en insinuaciones nobles.

Más no me arrepiento y sigo vivo.

Pude morir como héroe junto a aquel árbol,

mas decidí seguir adelante.

La tarea no había sido terminada

como las inmensas calles que habíamos

de trazar con nuestra sangre,

a las que habríamos de bautizar

con nuestros nombres

¿El jardín nunca termina?

¿El sol no acaba por salir?

Apenas es un vislumbre de lo que viene

y eso que viene es lo que nosotros mismos

ya hemos escrito antes.

El jardín es la condena y la recompensa

como la luz de la palomilla que al encontrarla

obtendrá la claridad junto a la muerte

que no por eso cesará su vuelo

y seguirá alrededor volando sin vencerse

hasta que las alas se le consuman

mas no la voluntad

porque otro es el reino de las voluntades

más heroico y más remoto.

La oscuridad será vencida

cuando se decida no hacerlo mediante

el predominio de la luz

pues la batalla es innecesaria

es cuestión de aceptación

de espejos y vuelos

con sentido

Tendremos entonces

el origen junto al porvenir

El jardín será entonces otro

que aquel que dibujamos en las herejes

catástrofes de la ilusión.

DSI YANG DSCHEN JEN

[El verdadero hombre de la luz polar purpúrea]

DESESPERADO NACÍ

con los signos de la angustia en la frente

llevando por corazón una culebra.

Crecí entre espinas,

amargas aventuras y tristezas.

Fui frágil a la manera sutil de la nostalgia.

En mi almohada se albergaban pesadillas

por mis venas se arrastraban alacranes

por lo demás mi rostro

aún conserva el cauce de la sangre,

sólo me falta la corona

y los agudos clavos

donde las cicatrices rondan

como falsas esperanzas.

Desde ese día decidí

avanzar a la invocación.

Fui desterrado del sol

y ahí alcé mi canto,

un canto franco lejos de toda adoración

cubierto por mis alas negras.

Me oculté del sol

que igual desgarra justos que pecadores

y que igual bendice

plantas nobles como venenosas ,

porque el sol es un Dios celoso

que no admite insinuaciones.

El sol se dirigió al profesor de esta forma en el jardín:

Fue el cálido color sangre de tu vestido

el que me hizo recordar

que hemos de morirnos en la piel del otro

para crecer en la luz

Fue la escultura de tu cuerpo

la que me hizo comprender

la geometría de los espacios mudos,

aquellos donde las sombras resultan

ángeles en los altos vuelos del delirio

Fue el orgullo de saberte sólo mío

el que me levantó de mi propia sombra

para alimentarme de esa luz que representas.

Y el profesor en su inocencia respondió al sol:

ESCUCHA SOL:

si es de sangre el camino para llegar a ti

el olvido es dulce canción de cuna,

como dulce se levanta la mañana para decirnos

que ayer es hoy y estás presente.

Anónima persecución

la del tiempo que se vuela al abrir las ventanas.

Cierra los ojos y verás que más allá

eres tú el que constantemente observa

el que te clava la mirada,

porque eres tu propio blanco de traición

Has olvidado tu nombre

en las rugosas paredes de la melancolía,

rescátate de allá donde te perdiste.

Una página atrás sólo es eso:

la noche tiene cosas qué contar.

[El medio correcto en manos del hombre erróneo]

ASCIENDE EL DÍA LLEVANDO SU VANIDAD A CUESTAS

figura dulce la ilusión cubierta de metáforas sin luces.

Son las aves, aquellas mismas promesas derramadas

las que se desenvuelven sin pudor alguno

y es que para decir el viento

los labios prestos acuden al desastre.

Giro en torno a mí para descubrir

que siempre has estado ahí.

Tu ombligo, el gran ombligo

        —laguna dorada donde nuestro amor fecunda—

es la suma del advenimiento.

Hoy escribo las palabras,

mañana será lo que fuimos.

Eres la embriaguez

    pero no soportas verte en un espejo.

La claridad resulta un difícil tránsito.

El jardín es tuyo:

        tú eres el jardín.

TAUROCTONIA

[Matanza del toro cósmico]

HABRÁSE ENVUELTO EN UNA LLAMA la dulce palabra del olvido

todo acucioso intento se consumirá en el mismo instante.

Se han dejado ya los tonos neutros

doblegadas las intenciones.

No habrá más que esperar sentencia

no habrán más intentos, sólo resta el perdón

y las imprecaciones.

Las palabras justas arderán en salivas dolorosas

ante oídos ya lejanos que desde antes se despiden.

Hay que callar de una vez por todas el misterio,

para despedir con sangre los temores.

Todo vuelve a su orden

a su caos envuelto en manantial

¿Quién ríe ahora?

Lo nuestro no es más que un libro dónde comulgar y pedir perdón; dijérase que el hoy se escribe hasta mañana. Nada más que decir. Este deslenguado animal cruza los labios en forma de su cruz en llanto, en luz, en llama...

Abrevan los motivos debajo de las insinuaciones. La creación reverbera en otro acorde, que no es el nuestro, lo sabemos, intuimos pasajes más oscuros. Ya no vendrán los pactos, lo siguiente es la contienda, la mutación y el espanto; la luz en sus puntos álgidos, cronómetro de lo evidente...

silencio

pausada terminación en agónicas rutas al oriente de un sol que se ha vencido, el de uno mismo; el intento por su boca ha muerto, se ha tragado sus palabras. ¿Vendrá la aurora? Esperemos el ocaso y las cenizas, la balanza en su inclinación perfecta, los rumores tomando fuerza desde su más íntima pretensión.

El libro está concluso, es decir sin empezar, dibuja su primeros testimonios, sangra el corazón...   cicatriza...

ÍNDICE:

Dsi Yang Dschen Jen (el verdadero hombre

de la luz polar purpúrea)

El medio correcto en manos del hombre erróneo

Tauroctonia (matanza del toro cósmico)

El Libro del sello del corazón

Made in the USA
Columbia, SC
21 July 2022

63716503R00048